Alles Lie

und Gute

Ihre Monika Grams

BIBLIOTHEK DER WEISHEITEN

Für ganz besondere Menschen

SKV-EDITION

Lebensstufen

Mit den Jahren wird das Leben nicht leichter,
aber es kann schöner und größer werden.

Zenta Maurina

Heiterkeit des Herzens schließt wie der Frühling
alle Blüten des Inneren auf.

Jean Paul

Du bist einzigartig

Es sind die Begegnungen
mit Menschen,
die das Leben
lebenswert machen.

Guy de Maupassant

Man muss
etwas Neues machen,
um etwas Neues
zu sehen.

Georg Christoph Lichtenberg

Tore zum Leben

Wohin du auch gehst,
geh mit deinem
ganzen Herzen.

Konfuzius

Glücklich der Mensch,
der seinen Nächsten trägt
in seiner ganzen Gebrechlichkeit,
wie er sich wünscht,
von jenem getragen zu werden
in seiner eigenen Schwäche.

Franz von Assisi

Das Herz mit Freude füllen

Weich ist stärker als hart,
Wasser ist stärker als Fels,
Liebe ist stärker als Gewalt.

Verfasser unbekannt

Die Sonne scheint jeden Tag neu.

Heraklit

Glaube an die Liebe

Dem Glück öffnen

Höhepunkt des Glückes ist es,
wenn der Mensch bereit ist,
das zu sein, was er ist.

Erasmus von Rotterdam

Das Glück liegt nicht in den Dingen,
sondern in den Menschen.

Deutsches Sprichwort

Leben bedeutet Wandel

Was wir wissen, ist ein Tropfen,
was wir nicht wissen, ein Ozean.
Isaac Newton

Von allen Geschenken,
die uns eine weise
Voraussicht gewährt,
ist die Freundschaft
das schönste.

Epikur

Geben und Nehmen

Lieben allein genügt nicht,
man muss es auch aussprechen.

Aus Frankreich

Mit dem Leben ist es wie mit einem Theaterstück:
es kommt nicht darauf an, wie lang es ist,
sondern wie bunt.

Seneca

Wenn jeder dem anderen helfen wollte,
wäre allen geholfen.

Marie von Ebner-Eschenbach

Die Seele nährt sich von dem, woran sie sich freut.

Augustinus

Kraft zum Leben
wünsch ich dir

Die Liebe lebt
von liebenswürdigen Kleinigkeiten.

Theodor Fontane

Sage nicht alles, was du weißt,
aber wisse immer, was du sagst.

Matthias Claudius

Liebevolle Worte finden

Achtsam leben

Es ist mehr wert, stets die Achtung
der Menschen zu haben
als gelegentlich ihre Bewunderung.

Jean-Jacques Rousseau

Das halbe Leben ist bereits vorbei,
bevor wir wissen, was Leben ist.

Aus Frankreich

Glaube an dich selbst

Willst du dich selber erkennen,
so sieh, wie die andern es treiben,
willst du die andern verstehn,
blick in dein eigenes Herz.
Friedrich Schiller

Angedenken an das Gute
hält uns immer frisch bei Mute.
Angedenken an das Schöne
ist das Heil der Erdensöhne.
Angedenken an das Liebe,
glücklich, wenn's lebendig bliebe!

Mut zum Lebensglück

Angedenken an das Eine
bleibt das Beste, was ich meine.

Johann Wolfgang von Goethe

Cascara
sagrada

Lebe jeden Tag, als ob es dein erster
und dein letzter wäre.

Angelus Silesius

Der Augenblick ist die Wiege der Zukunft.

Franz Grillparzer

Nicht in die ferne Zeit verliere dich,
den Augenblick ergreife, der ist dein.

Friedrich Schiller

Auch dir lacht die Sonne

Diese Welt ist nur eine Brücke.
Gehe darüber,
aber baue dein Haus nicht darauf.

Indische Weisheit

Der Mensch besitzt nichts Edleres
und Kostbareres als die Zeit.

Ludwig van Beethoven

Zeit und Leben

In dieser Reihe sind bisher erschienen:

Zum Geburtstag (Bestell-Nr. 93 481)
Für ganz besondere Menschen (Bestell-Nr. 93 482)
Für Trauernde im Leid (Bestell-Nr. 93 483)
Mit Gedanken positiver Kraft (Bestell-Nr. 93 484)

Die Deutsche Bibliothek – CIP-Einheitsaufnahme

Ein Titeldatensatz für diese Publikation ist bei
Der Deutschen Bibliothek erhältlich.

ISBN 3-8256-3482-57
Bibliothek der Weisheiten 93 482
Konzeption und Fotografien: S. Baum

Gesamtherstellung: St.-Johannis-Druckerei, Lahr/Schwarzwald
Printed in Germany 108765/2002